Pieniä tarinoita, Ajatelmia ja Runontapaisia

Joni Léman

Pieniä tarinoita
Ajatelmia ja
Runontapaisia

Kustantaja: BoD™ – Books on Demand, Helsinki, Suomi

Valmistaja: Books on Demand GmbH, Norderstedt, Saksa

ISBN: 978-952-286-886-2

Talvi

Samettinen sumu leviää kuin aave
joen tummaa pintaa pitkin,
kuin yrittäen suojella sitä kylmältä
Kala hyppää korkealle
mikä lie sintti.
Lauma puiden kellastuneita lehtiä
vaeltaa virtaa, merelle.
Tekevät tilaa talvelle
lumelle ja semmoiselle.
Jäälle, joka lopulta peittää virran,
suojaa sitä kylmältä, talvelta.

Halu

On niin paljon haaveita, unelmia.
Vaikea toteuttaa, saada kiinni,
pitää.
Ymmärtää mitä haluaa
loukkaamatta itseään.
Elämän tarkoitusta, mitä ei ymmärrä.
Kuitenkin halu tehdä merkittävää
jota voisi muistella.
Jotain, josta mieli tulisi hyväksi.

Ajatukset

Ei ole paha olla yksin, yksinänsä.
Pääkoppa täynnä ajatuksia,
ajatuksia joilla voi leikitellä
tai heittää tarpeettomina pois.
Keksiä uusia tarpeettomia,
tai vaan olla.
Pahinta on olla yksin muiden seurassa,
ilman ajatuksia.

Tuttu asia

Nuorena hamusin jotain uutta
tuntematonta.
Nyt vanhana
yritän säilyttää kaiken ennallaan.
Tuttuna, turvallisena,
jo koettuna.

Sama ajatus

Toinen kaunis,
toinen vähemmän.
Kummallakin sama ajatus,
olla hyvä, haluttu ja onnellinen.

Ehkä

Haluaisin kirjoittaa elämästä.
En omasta, se on liian omaa.
Ehkä toisen,
sitä en tiedä mitään.

Muisto

Painan korvani rautatien kiskoon,
ei kuulu vielä.
Ei näy savua.
Olen etuajassa, valmiina.
Tervaisten pölkkyjen huumaava tuoksu
maistuu hyvältä.
Astelen kuumalla kiskolla paljain jaloin,
odotan- niinkuin usein tähän aikaan.
Kesällä, lapsuuteni aikaan.

Miksi

Miksi ajattelisin muita
mitä tekevät, mitä miettivät.
En itsekään muista,
mitä eilen tein.

Pilvet

Olemme kuin pilviä.
Jotkut vain pieniä hattaroita,
toiset suuria tummia.
Kuitenkin vain pilviä elämässä,
joka puhaltaa ne tuuliin.

Minä

Tunnen niinkuin haluan,
toinen ei voi viedä sitä minulta.
Se olen minä
omassa minuudessani, itsessäni.
Minussa kiinni.

Pieni

Minä ja kaikki minussa,
kaikki minusta pois.
Mitä jää jäljelle. Olen pieni.

Naiset

Rehevät, hyvänmuotoiset naiset
kulkevat pylly keikkuen,
tissit heiluen.
Tietäen oman arvonsa,
miesten ajatusten kulun
heidän heikon kohtansa,
himon naisen lihaan, lämpöön.
Ei niinkään mieleen arvaamattomaan
oikulliseen monimuotoiseen tahtoon.

Pelko

Luisevat sormet laskeutuvat olalleni
viileä hengitys pelottaa niskaani.
Jäykistyn. En uskalla liikkua, puhua
edes ajatella. Antaudun.

Vähän kerrallaan

Jääpuikko
syntyy pisara kerrallaan.
Tuijottaa maata terävällä päällään,
ja kuolee, pisara kerrallaan.

Koti

On hyvä kuulla tuuli ikkunanraossa
pakkasen pauke nurkissa,
tuntea kodin lämpö.
Minä elän.

Tiet

Minne menen.

Liian monta tietä, ehkä liian vähän.

Erilaisia, samanlaisia.

Jokainen jonnekin, en tiedä.

Jään miettimään.

Ajan mentyä, toisenkin
en tiedä vieläkään.

Kompromissi

Aivoni puoliskot huutelevat toisilleen
kumpi on parempi, tärkeämpi.
Tulevat kuitenkin järkiinsä
tekevät kompromissin.
Toinen parempi, toinen tärkeämpi
samassa kopassa.
Tyydyn ajatukseen.

Halu

Tunnen että haluan paljon,
en tiedä mitä.
Tiedän että se tekisi hyvää.

Kengät

Kävelin elämäni rosoisella tiellä,
jalkapohjani olivat arat.
Huomasin kenkäni
ne kävelivät vastaani.
Lähdin seuraamaan.

Kaikki samanlaisia

Tee niinkuin muut haluavat.
Unohdat itsesi,
menetät kaikki mitä sinussa on.
Olet niinkuin kaikki muutkin.

Ajatukset

Repaleiset ajatukset
harhailevat päässäni.
Yrittävät ymmärtää kaikki
eivät ymmärrä mitään.
Harhailevat silti.

Kaikki määrää

Miksi teen niinkuin teen?
Ei kukaan pakota
ei määrää, valhetta.
Kaikki määrää,
kaikki on totta eli valhetta.
Tänään, huomenna, aina.

Ilta

Hämärä, hyttysen aika
valon matka pimeyteen
pimeän matka valoon.

Rajatila, rajattu aika
aika. Pieni hetki elämässä
suuri aika kaikessa.

Sulka

Jäniksen jäljet.

Lähden huvikseni seuraamaan,

läpi risukon ja suuren ojan.

Valkealle hangelle.

Jäljet päättyvät, katoavat.

Paikalle on jäänyt vain pieni sulka.

Paluumatkalla murhe hiipii ajatuksiini.

Etsijä

Sinusta, minusta
yritän haparoivin sormin löytää.
En osaa, palaan takaisin.

Punainen mainosvalo

Punainen mainosvalo,
imeytynyt märän jalkakäytävän
asfaltiin.
Korkokenkien kiireinen kopina
sinkoilee betonisten rakennusten seinistä.
Varjot kuiskivat toisilleen rivoja.
Liikennevalot vilkuttavat joutessaan
toisilleen.
Blues tunkeutuu kapakan ikkunan läpi
kadulle, itkee menetettyä nuoruuttaan.

Vanha mies ikkunan äärellä

Mies istuu keittiön pöydän äärellä
katselee vanhoin silmin ulos ikkunasta.
Naapurin nuori rouva ripustaa
pyykkejä narulle.
Välillä tuuli nostaa mekon helmaa,
paljastaa kauniit
silkkipöksyjen peittämät pakarat.
Nuori rouva kävelee miehen ikkunan editse
katsoo tätä silmiin ja hymyilee kauniisti.
Mies vastaa hymyyn, omalla
surullisella tavallaan.

Pelto

Lämmin tuuli leikkii viljantähkien seassa
taivuttelee sinne, tuonne.
Välillä pyörittelee
kuin kiusatakseen.
Tekee kuitenkin palveluksen
antaa väriä, kypsyttää.

Sama paikka

Toinen ei ole sama kuin sinä
koska polkunne menevät eri suuntiin,
vaikkakin samaan paikkaan.

Nokkela löytää

Onnen sirpaleet on levitetty ympäriinsä.
Jokaisen on etsittävä niitä lakkaamatta,
jos sellaisen haluaa saada itselleen.
Jollei niitä löydä,
ompahan ainakin tehnyt jotain,
ajankuluksi.

Nuottivihko

Elämäni on kuin tyhjä nuottivihko.
Saatuani siihen nuotit
en osaa tulkita niitä.

Rajallinen aika

Kolme kynttilää seisoo ikkunalla,
yksi jo voimansa menettämässä.
Enää pieni lepattava liekki
yrittää sinnitellä.
Juuri elämänsä saanut
komea, pitkä kynttilä
katselee alas riutuvaa kumppaniaan.
Tietää saman olevan edessä,
silti ylväänä kannattelee liekkiään.
Muutakaan ei voi.

Minuus

Oman tahdon taipumaton ote
tarkkailee tekemisiäsi.
Hallitsee mieltäsi, ohjailee.
Ei juurikaan piittaa mistään.
Vie tahtoessaan onneen
tai johdattaa tuhoon.
Ei selittele kenellekään.

37

Tunne

Tekisi mieli lähteä jonnekin
missä en ole ennen ollut.
Erilaisena kuin yleensä.
Tunne polttelee sisuksiani,
piileskelee aivojeni poimuissa.
Rohkeutta, uskallusta tehdä omaa
pelkäämättä itseään ja muita.
Kohdata pilkkaavia, pelottavia.
Pystyä olemaan itsessään,
sulkea muut pois.
Olisi yksin, kuin paperinukkien maassa.
Turvassa, mutta kuitenkin mukana.
Erilaisena.

Raidat

Syksy.
Auringon valo tekee raitoja lattiaan
sälekaihdinten läpi.
Varis raakkuu läheisessä kuusessa,
tietää talven tulevan, jään, nälän.
Seinäkellon raskas raksutus,
täyttää huoneen.
Muistuttaa elämän jatkuvan,
parempana, huonompana.
Jatkuvan kuitenkin.

Lämpö

Sauna. Mukava lämpö hiipü iholle.

Vesi tirisee kivien lomassa,

muuttuu höyryksi.

Tulee iholle, lämmittää sitä,

mukautuu siihen.

Avaa ihon rei'ät, ajaa pahan ulos.

Uusi kirja

Elän menneessä,
eilinen ei päästä irti.
Kaivan sille kuopan,
jättäisi jo minut.
Se pitää kiinni, takertuu
haluaa pitää otteessaan.
Ei päästä irti.
Tahdon uuden kirjan
vaikka pienenkin,
omanlaisen.

Ei vielä

Välillä tuntuu kuin elämä hiipuisi pois,

Lautturi viittoilisi luokseen.

Matkalle, pelkällä menolipulla.

Vältän katsomasta,

ehkä ottaa jonkun muun.

Olisi paljon koettavaa, unelmia.

Haluan katsoa vielä edemmäs,

pidemmälle.

En kuitenkaan liian kauas,

tarpeeksi vain.

Sopivasti, helposti.

Kuivuus

Kummallinen kesä.
Ei taaskaan pilviä,
tänäänkään ei sada.
Luonto kärsii.
Auringonpalvojat hymyilevät
ahavoittuneilla kasvoillaan.
Hakevat juomaa marketista.
Menevät rannalle
käristämään nahkaansa.
Kunpa jo alkaisi sataa.

Vain uni

Ontot askeleet kaikuvat betonisella
käytävällä,
salvat kolisevat.
Sisään astuu mustaan pukeutunut,
surullisen oloinen mies kirja
kämmenissään.
Nytkö jo. Enkö saakaan viimeistä
ateriaa,
fasaania ja hanhenmaksapalleroita.
Herään, kävelen jääkaapille.
Teen makkaraleivän, syön ja menen maate.

Armo

Suden jälki lumessa,
kevyen oloinen.
Nälissään raukka vaeltaa,
myöhemmin lumisen peiton saa.

Tarkoitus

Silmät näkevät,

uskovat mitä näkevät.

Korvat kuulevat vierasta kieltä,

eivät tunnista sitä.

Odottavat tuttua ääntä,

muistaakseen tarkoituksensa.

Luut

Vanha vinttikaivo
seisoo keskellä hylättyä pihapiiriä.
Vesikin on paennut sieltä.
Pienet valkeat luut lepäävät sen kuivalla
pohjalla.
Kannettomalla haudalla.
Vain sinkkiämpäri heiluu tuulessa.

Sade

On syksy, pimeää.
Sade hakkaa ikkunaan,
tahtoo sisälle kuivaan.
Kuuntelen hetken, nukahdan.

Ranta

Aallot pakenevat ulapalta
kohti rantaa.
Eivät tiedä
tulevansa sinne uudelleen.

Elämän jäljet

Elämäni jäljet
niin pienet.
Vaikea astua suuriin,
kuuluisiin ja merkittäviin.
Haluaisin silti.

Ovet

Elämän ovia voi kulkea taakse,
muistella, kaivata.
Uusia hyvä avata,
olla utelias, uskaltaa.
Unohtamatta menneisyyden arpia,
pitää ne kuitenkin mielessä,
varmuuden vuoksi.

Kadonnut ääni

Kaukaa kuuluu ääni,
heleä, iloinen.
Kuullostelen suuntaa turhaan,
vaiennut, paennut.
Ehkä mennyt toisiin korviin,
vielä surullisempiin.

Julmaa

Päivällä silmä ei huomaa
oksien, varpujen, metsän pitopalvelua.
Aamukaste auringon valossa
paljastaa moninaiset ansat ja verkot.
Joku vielä rimpuilee epätoivoissaan,
toinen jo luovuttanut.
Odottavat, odottavat saalistajan iskevän,
imevän elämän, ilon elää.
Toisaalla käydään samankaltaista
tapahtumaa,
vielä julmempaa, ihmisten kesken.

Leikki

Kalpea kuu tutkii kylmällä valollaan
kasvojeni uurteita, on yö.
Päivä on jo nukkunut hyvän aikaa,
vienyt melun mukanaan.
Hiljaisuus kantautuu kauas,
nauttii vallastaan.
Leikkii pimeän kanssa hippaa,
istuu kuun valossa
minne pimeä ei näe.

Eilisen jäljet

Eilisen jälkiä on helppo kopioida.
Tulevia mahdoton piirtää,
saati ymmärtää.

Muistutus

Pakkasen kylmä koura
raiskaa kasvojani.
Jotta muistaisin,
miltä näytin kesällä.

Kuvat ruudussa

Yöllä pakkanen on joutessaan
piirtänyt kuviaan ikkunan sileään
pintaan.
Kauniita, yksityiskohtaisia.
Taitavasti rakenneltuja,
huolella sommiteltuja.

Päivällä aurinko hävittää teokset,
joutavina tekeleinä.
Ehkä kadehtii toisen luovuutta,
kykyä tehdä moista.

Hukassa

Elämäni palaset ovat lennelleet ties minne.
Yritän etsiä niitä ja koota ne
takaisin elämäksi.
Elämäksi, joka minun tulee elää
oma elämäni.
Tai jättää ne teilleen ja kuolla,
oma kuolemani.

Kumma tapa

Ihmisillä on kumma tapa
tyrkyttää mielipiteitään, halujaan.
Luullen ettei muilla omia olisikaan,
ainakaan hyviä.
Parempia kuin heillä.
Saaden toisen ahdistumaan,
luulemaan ettei ole arvokas.

Ei usko

Ihminen voi tuskastella
kärsiä koko elämänsä.
Tajuamatta, että elämä
on siinä, nyt.
Ei mitään fantasiaa
jonka voi kirjoittaa uudelleen
korjata mieleisekseen.

Kuvastin

Katson itseäni peilistä
en tunne kuvaani.
Näyttää vanhalta
on jonkun toisen kuvastin.
Miehen jo unohdetun, kuopatun.

Ei liikaa

Älä mieti liikaa,
kadotat itsesi.
Etkä muista mitä mietit,
tai luulit miettiväsi.

Kaikki on jo

Älä odota onnea, menestystä.
Mitään hyvää.
Et menetä mitään,
mitä sinulla ei jo olisi.

Katoavaisuus

Rannalla, veden rajassa
loikoo pari murikkaa.
Vesi hyörii ja pyörii niiden ympärillä,
nakertaa hitaasti niiden pintaa.
Kunnes ne ovat pieniä kiven muruja,
hiekkaa joka hiljalleen huuhtoutuu mereen.
Niinkuin ihminen joka aikansa hyörii,
pyörii ja muuttuu maaksi,
maanlaiseksi.

Ei niin tärkeä

Tunsin suurta kaipuuta menneeseen.
Aikani kuljettuani
menneisyys käveli vastaani.
En tuntenut sitä enää.

Luulot

Kuka on mitään missään
kukin jokaisessa.
Jokainen luulee,
minä luulen.
Kukaan ei tiedä.

Paha

Ei yksin ole paha.
Paha on olla pahan kaveri,
se syö sinusta kaiken hyvän,
jättää sinut
kun olet paha, hänen laisensa.

Elämä

Älä etsi elämää
elämä etsii sinut.
Ja jättää
kun hyväksi näkee.

Ajatukset

Olematon ajatus vilahti tyhjässä
päässäni.
Tuskin mitään tärkeää, merkityksellistä.
Vain ajatus vailla osoitetta.
Ajatus vailla nimeä.
Joutaa hukkaan,
muiden kaltaistensa joukkoon.
Pääni loputtomiin käytäviin,
mieleni omituisiin syövereihin
joissa minuus ja muut ihmettelevät toisiaan.
Karkaavat eri suuntiin samaan aikaan.
Ajatusteni loputtomaan virtaan
tapaamatta koskaan toisiaan.

Tolkutonta

Nainen työntää suuria ostoskärryjä
pitkin suuren Marketin käytäviä.
Silmät hamuilevat tavaraa
Eurot polttavat taskussa.
Kädet lappavat tavaraa innolla kärryihin,
tuon tarvitsen ja tuon ainakin.

Kotona nainen purkaa saalistaan,
minullahan on jo tällainen
ja tämäkin
enkä ole edes käyttänyt niitä.

Nainen harmittelee ostoksiaan,
ajattelee keittävänsä kahvit.
Avaa kaapin oven,
ottaa peltisen rasian
jossa säilyttää kahviaan, avaa sen.
Tyhjä?

Tuuli

Kuulen tuulen,
se hakee suojaa korvastani.
Käännän päätäni,
se pakenee vinkuen taakseni.
En kuule sitä enää.

Elämän virta

Ajelehdin elämäni virrassa
yritän takertua johonkin.
Johonkin joka kannattaisi minua.
Hukun kuitenkin.

Vielä toimii

Wanha kirjoituskone, hylätty.
Poistettu käytöstä hankalana,
aikansa lyöneenä.
Otin sen suojiini, annoin tekemistä.
Kirjaimia lyödä.
Hyvin muistaa tehtävänsä,
oivasti tekee.
Kiitollisena napsahtelee,
välillä kelloa soittaa.
Kiukuttelee joskus,
hyvä ystävä silti.

Sorsat

Istun katukahvilassa,
katselen ihmisten ilmeitä
ja litkin kitkerää sumppia.
Viereisessä pöydässä
istuu kaksi nuorta.
Lähettävät tekstiviestejä toisilleen.
Nousen, kävelen läheiseen rantaan.
Juttelen sorsille.

Ei väliä

Mieti mitä eilen teit?
Hyvää, pahaa
muuten vain jotain.
Se oli eilen, tänään tulevassa
ei sen enää väliä.

Liha

Mitä on luu ilman lihaa
mieli ilman ymmärrystä.
Ymmärrystä siitä,
että liha on luun koti
ymmärtämättä sitä.

Aika

Aika, ajan ikeestä pääseminen
orjuuden päättyminen.
Ajan ottaminen haltuun.
Tuntuu hyvältä, määrätä oma hetki
ja antaa ajan mennä menojaan.

Ei matka ei mikään

Nuori mies työntää kiilloituskonetta
sairaalan pitkää käytävää.
Edestakaisin, päästä päähän.
Ei ajattele asiaa kummemmin.
Työntää vaan, vielä kaksikymmentä
kerrosta.
Pikku juttu, nuorelta mieheltä.

Hylätty

Vanha soutuvene makaa kyljellään,
rantakaislikossa.
Puolet siitä on lahonnut meren pohjaan.
Liian vaivalloista huoltaa,
joutuu tekemään töitä sen eteen.
Taitavasti veistetty ja lakattu,
aikanaan kaunis katsella.

Uusi muovinen vene heiluu laiturissa.
Vihreä levä ja simpukat jo kiinnittyneet
sen valkeaan pintaan.
Kylki hakkaa laiturin puihin,
tekee rumaa jälkeä.
Liian vaivalloista huoltaa.

Aikansa kutakin

Valo
elämä
pimeys
kuolema.
Yhtäkaikki,
kaikki ajallaan.

Paha paikka

Kehoni on kahden sielun koti.
Kumpikin haluaisi lähteä yksin matkaan.
Mahdotonta kummallekin.

Epäröi

Elämän virta lipuu hiljaa editseni.
Uskallanko hypätä,
mihin se vie?
Hyvään kenties, vai ahdinkoon
epätoivoon.
Pelottaa,
osaanko edes uida.

Vain varjo

Kuljin pimeässä, haparoin.
Tunsin jotain,
toivo heräsi minussa.
Tartuin siihen molemmin käsin.
Se oli eilisen varjo,
piilossa nykyisyydeltä.
Päästin sen menemään.

Ei ymmärrä

Elämä, tässä nyt.
Se tulee vastaan vanhoilla fraaseilla,
kuluneilla kengillä.
Uudet kengät,
sama askel.

Aistit

Olen paikallani.
Kuulen, näen, tunnen, elän.
Kun elän, olen paikallani.

Yö

Anna aamun tulla
päivän viedä.
Illalla mieti,
mitä yö voi tuoda mukanaan.

Unet

Päivä on jo matkalla kun herään.

Tasaisen harmaata, elottoman oloista.

Ei kiinnosta.

Käperryn peittoni sisään sikiöasentoon,

turvallisen tuntuiseen.

Palaan unien oville, minkä valitsen?

Ihan sama, valitkoon ovi.

Olen aina palannut takaisin, miksi?

Joihinkin olisi ollut hyvä jäädä.

Ei kaikkiin, vain mieluisiin.

Sellaisiin joissa olisin itse ohjaaja,

käsikirjoittaja ja näyttelijä.

Tulisiko siitä mitään?

Mieleni vain kääntäisi kaiken nurin.

Olisin unessa kaameassa,

painajaisessa pahassa, säälimättömässä.

On kuitenkin mukava herätä,

harmaaseen tavalliseen aamuun.